Made in the USA
Monee, IL
06 December 2023

48341063R00072